BEI GRIN MACHT SICH IHR WISSEN BEZAHLT

- Wir veröffentlichen Ihre Hausarbeit, Bachelor- und Masterarbeit

- Ihr eigenes eBook und Buch - weltweit in allen wichtigen Shops

- Verdienen Sie an jedem Verkauf

Jetzt bei www.GRIN.com hochladen und kostenlos publizieren

Die deutsche Revolution 1848/49 und Friedrich Wilhelm IV. Beurteilung seiner Ablehnung der Kaiserkrone (Unterricht im Fach Geschichte, gymnasiale Oberstufe)

GRIN

Bibliografische Information der Deutschen Nationalbibliothek:

Die Deutsche Nationalbibliothek verzeichnet diese Publikation in der Deutschen Nationalbibliografie; detaillierte bibliografische Daten sind im Internet über http://dnb.d-nb.de abrufbar.

ISBN: 9783346569691
Dieses Buch ist auch als E-Book erhältlich.

© GRIN Publishing GmbH
Trappentreustraße 1
80339 München

Druck und Bindung: Books on Demand GmbH, Norderstedt Germany
Gedruckt auf säurefreiem Papier aus verantwortungsvollen Quellen

Das Buch bei GRIN: https://www.grin.com/document/997591

Kurzgefasste Planung lt. OVP § 11 (3)
zum Unterrichtsbesuch im Fach Geschichte

Studienreferendar:

Ausbildungsschule:

Datum:

Unterrichtszeit:

Lerngruppe:

Lerngruppengröße:

Raum:

Ausbildungslehrer:

Ausbildungsbeauftragte:

Schulleiter(in):

Thema der Unterrichtsreihe:	Die deutsche Revolution von 1848/49 – Eine zum Scheitern verurteilte Revolution?
Thema der Unterrichtsstunde:	Friedrich Wilhelm IV – Unterstützer oder Verräter der Revolution? – Beurteilung seiner Ablehnung der Kaiserkrone anhand von kontroversen schriftlichen Quellenauszügen in arbeitsteiliger Partnerarbeit
Kernanliegen:	Die Schülerinnen und Schüler beurteilen die Ablehnung der Kaiserkrone des preußischen Königs Friedrich Wilhelm IV., indem sie arbeitsteilig zueinander kontroverse schriftliche Quellenauszüge zur Haltung des Monarchen miteinander vergleichen und erweitern so ihre Sach- und Urteilskompetenz.

1. Diagnose der Lernausgangslage

Die vorgestellte Lerngruppe setzt sich aus 16 (8 Schülerinnen; 8 Schüler) Schülerinnen und Schülern zusammen. Durch
Umbauarbeiten und dem gebotenen Gesundheitsschutz findet

organisatorische, allgemeine und soziale Rahmenbedingungen

der Geschichtsunterricht im Grundkurs der Q1 in Containern statt, die eigens für die Q1 verwendet
werden und sich etwas abseits vom Schulgebäude, nahe der Sporthalle finden. Die räumliche Aus-
stattung lässt dabei als recht komfortabel bezeichnen, da hinsichtlich des Arbeitsklimas und der
allgemeinen Lautstärke durch Lüftungen ein geringeres Risiko für externe Unterrichtsstörungen
herrscht. Ein OHP-Projektor ist ebenso vorhanden, wie eine klassische Kreidetafel. Die Schülerinnen und Schüler sitzen in Reihenform zum Lehrerpult ausgerichtet. Auch wenn die Schülerinnen
und Schüler kontinuierlich das Tragen der Mund-Nasen-Schutzmasken während des Unterrichts
pflegen, verzichte ich im Sinne der Schülerinnen und Schüler auf weiträumige kooperative Methoden, wenn ich sie anderweitig durch adäquate methodische Lösungen kompensieren kann. Kurz vor
Ausbruch der Pandemie und der Schulschließungen im März unterrichtete ich die Lerngruppe bereits kurzzeitig, als sie noch in der Einführungsphase war. Ein Unterrichtsbesuch war auch geplant,
fiel aber wegen der Schließungen weg. Den Ausbildungsunterricht setzte ich in der Lerngruppe auf
Distanz fort. Zu Beginn des neuen Schuljahrs hospitierte ich dann zunächst und übernahm die Un-
terrichtsgestaltung schließlich eigenständig. Ich konnte mir
daher ein recht zutreffendes Bild zu Arbeits- und Sozialver-
halten sowie die Spezifika der Schülerinnen und Schüler ma-

vorhandene / vorausgesetzte methodische, soziale und personale Kompetenzen

chen: Die Lerngruppe erscheint mir insgesamt als sehr sozial und umgänglich. Unterrichtsstörungen
kommen in der Regel nicht vor. Hinsichtlich der Lernbereitschaft und des Lernstandes ließ sich bei
einigen Schülerinnen und Schüler eine leistungsbezogene Motivation und das Interesse der am Fach
beobachten. Insgesamt erscheint das Niveau als nicht gesamtschuluntypisch in Teilen leistungshe-
terogen und in einem Fall auch mit sprachlichen Barrieren. Dies berücksichtige ich entsprechend
durch verschiedene Maßnahmen der Binnendifferenzierung sowie einer sprachsensiblen Aufberei-
tung[1] der Unterrichtsgegenstände. Ein besonderes Spezifikum der Lerngruppe ist es, dass insgesamt
ein sehr stilles und zurückhaltendes Arbeitsklima herrscht. Den Hemmungen der Schülerinnen und
Schüler wirke ich mit kooperativen Arbeitsphasen nach dem Think-Pair-Share-Prinzip[2] und weiteren binnendifferenzierenden Maßnahmen entgegen (Siehe methodisch-mediale Entscheidungen).
Die zu erarbeitenden Quellenauszüge habe ich an sprachlich schwierigen Stellen im Sinne der Les-

---

[1] Bernhardt, Markus; Conrad, Franziska: Sprachsensibler Geschichtsunterricht. Sprachliche Bildung als Aufgabe des
Fachs Geschichte, in: Geschichte Lernen; 182 (2018), S. 2.
[2] Adamski, Peter: Gruppen- und Partnerarbeit im Geschichtsunterricht, historisches Lernen kooperativ (Methoden historischen Lernens), Schwalbach/Ts.² 2013, S. 7ff.

barkeit gekürzt und an anderer Stelle stattdessen bewusst mit Annotationen versehen, sodass genügend Raum für schülerbezogene Alteritätserfahrung[3] besteht.

Um ebendiese zu begünstigen, setze ich in meiner Unterrichtsreihe einen deutlichen Schwerpunkt auf die Arbeit mit Quellen.

> **vorausgesetzten fachliche und fachmethodische Kompetenzen**

Da etwa die Hälfte der Schülerinnen und Schüler Klausuren im Fach Geschichte schreiben und die nächste Leistungskontrolle eine Quelleninterpretation beinhaltet, werden sie im methodischen Umgang mit ebendiesen zusätzlich habitualisiert. Insgesamt achte ich auf eine angemessene Abdeckung der wichtigsten zeitlichen Entwicklungsebenen. Das Einüben methodischer Kompetenzen, wie der Umgang mit politischen Karikaturen um die Zeit steht ebenso im Fokus, wie die Förderung von Sach- und Urteilskompetenzen. Zur Unterstützung des heuristischen Prozesses arbeite ich mit einem Reihenübergreifendem Tafel- bzw. Folienbild (M1). Zu Friedrich Wilhelm IV. kennen die Schülerinnen und Schüler bisher nur seine (den Revolutionären aufgeschlossene) Reaktion auf die Barrikadenkämpfe in Berlin. Aus der letzten Stunde kennen sie die Probleme und wichtigsten Beschlüsse der Paulskirchenversammlung. An ebenjenes Vorwissen wird in der Stunde insbesondere angeknüpft.

Die deutsche Revolution von 1848/49 – Eine zum Scheitern verurteilte Revolution?	
Wieso wirft der deutsche Michel seine Nachtmütze weg, um ins freie zu gehen? – arbeitsteilige Erarbeitung der Revolutionsmotive anhand von Karikaturen und multiperspektivischen Schriftquellen.	Quellenarbeit Methodenkompetenz und Sachkompetenz
Die Revolution beginnt blutig – Revolutionsausbruch in Baden anhand des Heckerliedes von 1848 sowie Recherchen zum historischen Hintergrund des Heckerzugs.	Quellenarbeit, Recherchieren Sachkompetenz und Methodenkompetenz
Reaktion und Repression? – Der Verlauf der Märzrevolution anhand von Zeitungsberichten der „Königlich privilegirte Berlinische Zeitung" sowie ein darauf aufbauendes Sachurteil zur sich wandelnden Sicht auf die Revolutionäre.	Quellenarbeit Sachkompetenz und Urteilskompetenz
Revolution oder kurzfristige Unruhen? – Beurteilung der Revolutionsursachen vor dem Hintergrund des Revolutionsbegriffs anhand von Darstellungen und Karikaturen.	Darstellungen Sachkompetenz und Urteilskompetenz
Wer darf wählen? Handlungsorientierte Erarbeitung der politischen Grundpositionen der Paulskirche anhand von Redebeiträgen zur Wahlrechtsdebatte im Unterrichtsgespräch.	Quellenarbeit, Darstellungen Handlungsorientierung Sachkompetenz
Nationalversammlung in der Paulskirche - Konnte die Nationalversammlung zu einer Lösung der deutschen Frage finden? Handlungsorientierte Erarbeitung der territorialen und politischen Problematik der Revolution anhand einer Wahlrechtsdebatte zu einzelnen Positionen.	Quellenarbeit Handlungsorientierung Sachkompetenz und Urteilskompetenz
Erfolg oder Misserfolg – Erarbeitung von Problemen und Erfolgen der Paulskirchenversammlung anhand von Darstellungen in arbeitsteiliger Partnerarbeit.	Darstellungen Sachkompetenz
Friedrich Wilhelm IV – Unterstützer oder Verräter der Revolution? – Beurteilung seiner Ablehnung der Kaiserkrone anhand von kontroversen schriftlichen Quellenauszügen in arbeitsteiliger Partnerarbeit.	Quellenarbeit Sachkompetenz und Urteilskompetenz
Welche Folgen hatte die Ablehnung der Kaiserkrone für die Märzrevolution? – Gegenrevolution und weitere Folgen der Ablehnung der Kaiserdeputation für die Revolution anhand von Darstellungen und Quellen in arbeitsteiliger Partnerarbeit.	Quellenarbeit Darstellungen Sachkompetenz und Urteilskompetenz
(Teil-)Erfolg oder Scheitern auf ganzer Linie – Beurteilung der Märzrevolution durch eine Pro-Kontra-Diskussion anhand von arbeitsteilig erarbeiteten Historikerurteilen.	Darstellungen Handlungsorientierung Urteilskompetenz

---

[3] Sauer, Michael: Geschichte unterrichten. Eine Einführung in die Didaktik und Methodik, Seelze[10], 2012, S. 76f.

2. Ziele und Kompetenzzuwachs

2.1. Kernanliegen

Die Schülerinnen und Schüler beurteilen die Ablehnung der Kaiserkrone des preußischen Königs Friedrich Wilhelm IV., indem sie arbeitsteilig zueinander kontroverse schriftliche Quellenauszüge zur Haltung des Monarchen miteinander vergleichen und erweitern so ihre Sach-[4] und Urteilskompetenz.[5]

2.2. Teilziele

- Die Schülerinnen und Schüler interpretieren die Karikatur „Es ginge wohl aber es geht nicht" vor dem Hintergrund ihrer Vorkenntnisse. Sie zeigen dies durch mündliche Beiträge.
- Die Schülerinnen und Schüler analysieren arbeitsteilig unterschiedliche Quellenauszüge zu Friedrich Wilhelm IV. nach vorgegebenen Kriterien. Sie zeigen dies, indem Sie das Arbeitsblatt beschriften.
- Die Schülerinnen und Schüler vergleichen die Quellenauszüge aspektgeleitet. Sie zeigen dies, indem Sie sin Partnerarbeit diskutieren.
- Die Schülerinnen und Schüler erkennen die Gesamtkorrelation des Handels Friedrich Wilhelms IV., indem sie die Ergebnisse der Quellenanalyse und des Austauschs präsentieren.
- Die Schülerinnen und Schüler beurteilen die Ablehnung der Kaiserkrone vor dem Hintergrund der Gesamtkorrelation der Quellenauszüge. Sie zeigen dies, indem Sie im Plenum ein Fazit formulieren.

3. Didaktische Analyse

Sowohl der Kernlehrplan für das Fach Geschichte für die gymnasiale Oberstufe in NRW[6] als auch der schulinterne Lehrplan der Gesamtschule[7] schreiben die

> **Legitimierung des Unterrichtsvorhabens**

Thematisierung von Nationalismus, Nationalstaat und deutsche Identität im 19. und 20. Jahrhundert (Inhaltsfeld 1 des Kernlehrplans) vor. In dieser Unterrichtssequenz wird dieser Gegenstand aufgegriffen: In Folge der deutschen Märzrevolution kam es in Berlin zu Barrikadenkämpfen, worauf der preußische Herrscher Friedrich Wilhelm IV. zunächst Widerstand leistet,

> **Sachanalyse des Unterrichtsgegenstandes**

---

[4] Ministerium für Schule und Weiterbildung des Landes Nordrhein-Westfalen (Hg.): Kernlehrplan für die Sek. II Gymnasium / Gesamtschule in NRW. Geschichte, 2013, S. 27. (Konkretisierte Sachkompetenz: [Sie] erläutern Zusammenhänge von Ereignissen, Entwicklungen, Strukturen sowie dem Denken und Handeln von Personen vor dem Hintergrund der jeweiligen historischen Rahmenbedingungen und Handlungsspielräume (SK4))

[5] Ebd., S. 27. (Konkretisierte Urteilskompetenz: [Sie] beurteilen in Grundzügen das Handeln historischer Akteurinnen und Akteure und deren Motive bzw. Interessen im Kontext der jeweiligen Wertvorstellungen und im Spannungsfeld von Offenheit und Bedingtheit (UK1),

[6] Ebd., S. 40.

[7] Schulinternes Curriculum der Gesamtschule: Geschichte Sek II, S. 10.

dann aber seine Truppen aus der heutigen Hauptstadt abziehen ließ.[8] Bevor zunächst die ersten Schritte zur Herstellung der deutschen Einheit unternommen werden konnten, traten 574 Männer in Frankfurt zum Nationalversammlung zusammen, welche sich erstmals am 18. Mai 1848 in der Frankfurter Paulskirche zusammenfand.[9] Das sogenannte „Professorenparlament" sorgte für einen Konsens zwischen Demokraten, Liberalen und Konservativen bei der Entscheidungsfindung diverser Streitpunkte. Über mehrere Monate diskutierte man beispielsweise über die Grundrechte, die Staatsform, das Wahlrecht und auch die Verfassung.[10] Neben diesen Aspekten beschäftigte man sich mit der Grenzziehung des deutschen Gebietes. Hierzu unterschied man zwischen der großdeutschen Lösung, welche für eine Aufnahme des gesamten österreichischen Reiches bedeuten sollte und der kleindeutschen Lösung, bei der man sich unter die Regentschaft der Preußen stellte. Diese Entscheidung wurde durch die Mehrheit der Nationalversammlung mit der Reichsverfassung vom 28. März 1849 beschlossen.[11] Des Weiteren forderte man ein Staatsoberhaupt, welches sich „Kaiser der Deutschen" nennen durfte.[12] Dieses Staatsoberhaupt sollte Friedrich Wilhelm IV. werden, indem man ihm die Kaiserkrone anbot. Der König lehnte dies 3. April 1849 ab, da er diese seinem Selbstverständnis nach als unwürdig erachtete.[13] Die Kaiserkrone hätte er möglicherweise aus den Händen der Fürsten angenommen, die Krone des Volkes lehnte er unter diesen Umständen jedoch entschieden ab, da diese aus „Dreck und Letten gebacken" sei.[14]

> **Relevanz für die Schülerinnen und Schüler**

Der Gegenstand der Revolution 1848/49 gilt im Allgemeinen als nicht besonders gegenwartsrelevant für jugendliche Lerner. Der historische Kontext mit seinen vielschichtigen und komplexen Entwicklungssträngen ist oftmals zu abstrakt und weit von der Lebenswirklichkeit der Schülerinnen und Schüler weg, als dass er aufrichtiges Interesse von Jugendlichen wecken vermag. Aus diesem Grund habe ich versucht, das Partizipationsbestreben der bürgerlich-liberalen Gesellschaft in dieser Stunde mit der Person Friedrich Wilhelms IV. zu verknüpfen. Das Potenzial des Gegenstands liegt in der Widersprüchlichkeit der Herrscherpersönlichkeit Friedrich Wilhelms IV. und der damit verbundenen Motivationskraft: Der König zeigt sich auf der einen Seite volksnah und kompromissbereit und verzichtet auf der anderen Seite jedoch auf die Kaiserkrone und die damit verbundene Autorität, anstatt sich an eine Verfassung zu binden, die ihn als Reichsoberhaupt und Träger der Regierungsgewalt in allen Reichsangelegenheiten akzeptiert. Eine solche Tatsache macht zunächst stutzig und dann neugierig. Sie weckt das Interesse, mehr über die Persönlichkeit des Königs und über die

---

[8] Johannsen, Rolf H: Friedrich Wilhelm IV. von Preußen. Sanssouci und die Residenzprojekte 1814 bis 1848, Kiel 2007, S. 112
[9] Ebd., S. 114f.
[10] Wollstein, Günter: Vorparlament und Paulskirche, In: Informationen zur politischen Bildung 265 (2006), S. 27f.
[11] Gruner, Wolf: Die deutsche Frage. Ein Problem der europäischen Geschichte seit 1800, München 1985, S. 87.
[12] Buchners Kolleg Geschichte: Von der Französischen Revolution bis zum Nationalsozialismus, Bamberg 2015, S. 126.
[13] Wollstein, Günter: Scheitern eines Traumes, in: Informationen zur politischen Bildung 265 (2006), S. 57.
[14] Buchner, Rudolf: Deutsche Geschichte im Europäischen Rahmen, Darmstadt 1975, S. 333.

Hintergründe zu erfahren. Zudem liegen – im Sinne Klafkis – im Handeln der Person Friedrich Wilhelms IV. auch Potenziale der Exemplarizität für heutige Handlungsmuster in Zeiten von „Fake News" und politischem Opportunismus.[15] Das Handeln der historischen Persönlichkeit Friedrich Wilhelms IV. folgt, wie wird in Folge der Stunde erkannt werden wird, dem Kalkül seiner politischen Agenda. Durch Einsicht in Herrschaftsstrukturen und Interessenlagen kann die Stunde damit auch im Sinne Pandels einen Beitrag zum Politischen Bewusstsein als Ausprägung von Geschichtsbewusstsein der Schülerinnen und Schüler leisten.[16]

4. Methodisch-mediale Entscheidungen

Die Unterrichtsstunde eröffne ich, wie gewohnt zur Unterstützung des heuristischen Prozesses, indem die Schülerinnen und Schüler einen Blick auf das übergreifende und stetig wachsende Tafel- bzw. Folienbild (M1) werfen. In der gezeigten Stunde wiederholen die Lernenden dabei zunächst die wesentlichen Beschlüsse der Paulskirchenversammlung. Da das Folienbild die Funktion eines Advance Organizer über die Reihe hinweg trägt, schaffe ich zudem Transparenz über den Ablauf der heutigen Stunde, indem die Zielsetzung, die Reaktion Friedrich Wilhelms IV. auf die Beschlüsse in den Blick zu nehmen, offengelegt wird. Anschließend werden die Schülerinnen und Schüler mit der Karikatur zur Ablehnung der Kaiserkrone (M2) Friedrich Wilhelms IV. konfrontiert und äußern zunächst offen, dann ggf. durch nötige Impulse ihre Eindrücke zur Karikatur und nehmen eine Einordnung vor. Sie erfahren hier kognitive Dissonanz, da die Ablehnung der Kaiserkrone inkohärent zu ihrem Vorwissen, der Bereitschaft Friedrich Wilhelms IV. mit allen abschätzbaren Konsequenzen für die nationale Sache einzustehen, ist. Die Schülerinnen und Schüler werden dann gebeten, eine Problemfrage für die Stunde, die in Richtung der Gründe seiner Deputationsablehnung oder seiner Motive zielen wird, zu finden. Ein Vorschlag der Schülerinnen und Schüler zur Klärung der Problemfrage, der unweigerlich in unterschiedliche (private und öffentliche) Quellen führen wird, schult ihre Heuristik. Bei der Erarbeitungsphase, die ich, wie in der Lernausgangslage dargelegt, nach dem Think-Pair-Share-Prinzip ausrichte, analysieren die Schülerinnen und Schüler zunächst kriteriengeleitet zwei Quellen. Diese sind jeweils im Sinne der Fragestellung zueinander kontrovers,[17] da sie unterschiedliche Haltungen Friedrichs IV. zur Revolution und dem eigenen Herrscherbild offenbaren. Die Schülerinnen und Schüler entscheiden sich gemeinsam mit der Sitznachbarin oder dem Sitznachbarn bewusst für die erste beiden (Q1 und Q2) oder letzten beiden Quellen (Q3 und Q4). Erstere sind auf Grund des in der Unterrichtsreihe erarbeiteten Vorwissens

---

[15] Klafki, Wolfgang: Neue Studien zur Bildungstheorie und Didaktik. Zeitgemäße Allgemeinbildung und kritisch-konstruktive Didaktik, Basel/Weinheim[2] 1991, S. 270 ff.
[16] Pandel, Hans-Jürgen: Geschichtsdidaktik. eine Theorie für die Praxis (Forum historisches Lernen), Schwalbach/Ts[2] 2017, S. 137f.
[17] Bongertmann, Ulrich: Leitfaden Referendariat im Fach Geschichte (Geschichte unterrichten), Schwalbach/Ts. 2017, S. 57.

der Schülerinnen und Schüler sowie Umfang und Komplexität der Quellenauszüge im Vergleich zugänglicher für die Lernenden. Sie nehmen also selbständig eine leistungsbezogene Binnendifferenzierung vor. Der anschließende Austausch dient der Vertiefung ebenjener Unterschiede der bewusst kontroversen Quellen und dem lerngruppengemäßen Abbau von Unsicherheiten vor der Präsentation der erarbeiteten Analyseergebnisse. Auch hier besteht die Möglichkeit der zielgleichen Differenzierung. Zur Diskussionsanregung gibt es Impulsfragen und wiederholend die wichtigsten Beschlüsse der Paulskirchenversammlung, die in Konsequenz für Friedrich Wilhelm IV. nochmal fokussiert betrachtet werden können. Für leistungsstärkere Schülerinnen und Schüler gibt es das Angebot über eine Karikatur als Sprinteraufgabe nochmals den Blick für das scheinbar widersprüchliche Verhalten des Königs zu schärfen. Die Notizen der Diskussion um die Karikatur können bei der Formulierung des Fazits am Ende der Stunde miteingebracht werden. Im Anschluss an die Ko-Konstruktionsphase werden die Ergebnisse des Austauschs und der Quellenanalyse im Plenum präsentiert, wodurch die Schülerinnen und Schüler eine Gesamtkorrelation erkennen und damit erneut eine Ko-Konstruktionsphase vollziehen. Um diesen Prozess zu unterstützen notiere ich während der Präsentationen die wesentlichen Ergebnisse zur inneren Quellenanalyse auf einer Folie (M4), sodass die Schülerinnen und Schüler die wichtigsten Ergebnisse im Anschluss an die Präsentationen nochmals als Gesamtbild vor Augen haben und die anschließende Zusammenführung der Arbeitsergebnisse im Plenum präziser erfolgen kann. Mit Blick auf die Leitfrage kann dann auch in Folge des Unterrichtsgesprächs nach entsprechender Einordnung der Verhaltensweisen Friedrich Wilhelms IV. ein angemessenes Sachurteil gebildet werden. Die Leitfrage wird dann im Unterrichtsgespräch unter Berücksichtigung der Urteilsbildung durch die Schülerinnen und Schüler durch ebenjene in Form eines Fazits beantwortet und an der Tafel festgehalten. Am Ende der Stunde werden die Schülerinnen und Schüler dann noch mit einem Historikerurteil zur Verhaltensweise Friedrich Wilhelms IV. in Folge der Berliner Barrikadenkämpfe konfrontiert, welches den im Fazit formulierten Aspekten (eher) entgegenstehen wird. Hierbei sind die Schülerinnen und Schüler angehalten, ihre anhand mehrerer Quellen erarbeiteten Handlungsmotive Friedrich Wilhelms IV. zu einer begründeten Stellungnahme zu nutzen – ihre erworbenen Kompetenzen also zu vertiefen bzw. anzuwenden.

5. Geplanter Verlauf der Stunde

Unter-richtsphase	Unterrichtsgeschehen	Sozialformen, Methoden, Medien	didaktisch-methodischer Kommentar
Problem-stellung erkennen	Begrüßung des Kurses und Vorstellung der Gäste Kurze Zusammenfassung der wichtigsten Ergebnisse der letzten Stunde (Bilanz: Paulskirchenverfassung) durch die SuS anhand des übergreifenden Folienbildes. Lenkung auf das heutige Thema (Vertiefung der linken Spalte der Folie) Offene Begegnung mit der Einstiegskarikatur Einordnung ebd. durch Schüleräußerungen ggf. durch Impulsfragen	UG, M1 (OHP-Folie) M2 (OHP-Folie)	Das Übergreifende Tafelbild trägt die Funktion eines Advance Organizer: Transparenzschaffung, Entlastung im hermeneutischen Lernprozess, Aktivierung durch Wiederholung des Vorwissens
Vorstellung entwickeln	SuS erkennen die im Hinblick auf die bisher erarbeiteten Inhalte widersprüchliche Darstellung Friedrich Wilhelms IV. und formulieren eine Problemfrage (z.B. Welche Gründe hatte Friedrich Wilhelm IV. „die Kaiserkrone abzulehnen"?, oder Friedrich Wilhelm IV. – Unterstützer oder Gegner der Revolution?") Die L. notiert diese an der Tafel Vorschlag der Vorgehensweise zur Klärung ebd. durch die SuS (verschiedene Quellen zu Friedrich Wilhelm IV)	UG, M2 (OHP-Folie) Tafel	Schaffung von Problembewusstsein durch kognitive Dissonanz und Leitfrage Schulung der heuristischen Vorgehensweise
Lernmate-rial bear-beiten	Analysierende Erarbeitung der Quellen durch vorstrukturierte Akzentuierung nach dem Think-Pair-Share-Prinzip Ko-Konstruktion mit gleichen Erarbeitungsgegenständen zum Abbau von Unsicherheiten und ggf. nötigen inhaltlichen Korrekturen. L. teilt einigen SuS das Arbeitsblatt als OHP-Folie aus Fragestellunggeleitete Diskussion zum Inhalt der Quellen	EA, M3 oder M4 (AB) PA M3 oder M4 (AB)	Zielgleiche Erarbeitung des Lerngegenstandes auf zwei Niveaus: bewusste, selbstgewählte inhaltliche Differenzierung Erneute, lerngruppenspezifische Binnendifferenzierung in der Ko-Konstruktionsphase durch Hilfestellung
Lernpro-dukt disku-tieren	Präsentation der Ergebnisse aus der Erarbeitungsphase durch die SuS. Lehrkraft notiert die von den SuS erarbeiteten Ergebnisse zum Inhalt der Quellen auf einer gesonderten Folie Zusammenführung der arbeitsteiligen Ergebnisse durch die SuS und ggf. nötige Impulse der Lehrkraft	SV, M3 oder M4 (OHP-Folie) UG, M5 OHP-Folie	Schüleraktivierung durch Präsentation der Einzelergebnisse im Plenum. Weitere Ko-Konstruktion und Diskussion im Plenum
Lernzu-gewinn defi-nieren	Rückbezug zum Einstieg Entwicklung eines Sachurteils bezüglich der Leitfrage (ggf. nötige Impulse der Lehrkraft) Formulierung eines Fazits durch die SuS, welches an der Tafel gesichert wird (z.B: Friedrich Wilhelm IV. stand der Kaiserkrone als Folge der Revolution ablehnend gegenüber, da er die Verfassung als Begrenzung seiner Macht empfand und das einfache Volk außer Stande sah, die Krone vergeben zu können.)	UG, M5 (OHP-Folie) Tafel	Sicherung, Beantwortung der Leitfrage Auflösung der Problemdimension

Sollbruchstelle			
Vernetzen, Transferieren	L. deckt das Historikerurteil zum Handeln Friedrich Wilhelms mit seinem Bekenntnis zur nationalen Sache an die Berliner Öffentlichkeit auf. Die SuS lesen dieses vor und nehmen begründet dazu Stellung.	M5 (OHP-Folie) Tafel	Die SuS äußern ein begründetes Sachurteil zur Einschätzung des Historikers auf Grundlage der erarbeiteten Quellen zur Vertiefung.

6. Literatur

- Fachwissenschaftliche Literatur

- Buchners Kolleg Geschichte: Von der Französischen Revolution bis zum National-sozialismus, Bamberg 2015.
- Buchner, Rudolf: Deutsche Geschichte im Europäischen Rahmen, Darmstadt 1975.
- Gruner, Wolf: Die deutsche Frage. Ein Problem der europäischen Geschichte seit 1800, München 1985.
- Johannsen, Rolf H: Friedrich Wilhelm IV. von Preußen. Sanssouci und die Residenzprojekte 1814 bis 1848, Kiel 2007.
- Wollstein, Günter: Vorparlament und Paulskirche, in: Informationen zur politischen Bildung 265 (2006).

- Didaktische und methodische Literatur

- Adamski, Peter: Gruppen- und Partnerarbeit im Geschichtsunterricht, historisches Lernen kooperativ (Methoden historischen Lernens), Schwalbach/Ts.[2] 2013.
- Bernhardt, Markus; Conrad, Franziska: Sprachsensibler Geschichtsunterricht. Sprachliche Bildung als Aufgabe des Fachs Geschichte, in: Geschichte Lernen; 182 (2018).
- Bongertmann, Ulrich: Leitfaden Referendariat im Fach Geschichte (Geschichte unterrichten), Schwalbach/Ts. 2017.
- Droste, Johannes [u.a.]: Geschichte und Geschehen. Oberstufe Gesamtband [Lehrerband], Stuttgart 2015.
- Droste, Johannes [u.a.]: Geschichte und Geschehen. Oberstufe Gesamtband [Schülerband], Stuttgart 2015.
- Klafki, Wolfgang: Neue Studien zur Bildungstheorie und Didaktik. Zeitgemäße Allgemeinbildung und kritisch-konstruktive Didaktik, Basel/Weinheim[2] 1991.
- Ministerium für Schule und Weiterbildung des Landes Nordrhein-Westfalen (Hg.): Kernlehrplan für die Sek. II Gymnasium / Gesamtschule in NRW. Geschichte, 2013.
- Pandel, Hans-Jürgen: Geschichtsdidaktik. eine Theorie für die Praxis (Forum historisches Lernen), Schwalbach/Ts[2] 2017.
- Sauer, Michael: Geschichte unterrichten. Eine Einführung in die Didaktik und Methodik, Seelze[10], 2012.

Karikatur "Es ginge wohl aber es geht nicht" (aus urheberrechtlichen Gründen nicht in der Publikation enthalten).

Abrufbar unter: https://www.sammlungen.hu-berlin.de/objekte/ sammlung-von-flugblaettern-und-flugschriften/37576/

Q1) Rede Friedrich Wilhelms IV. am 11. April 1847

Am 11. April 1847 eröffnete König Friedrich Wilhelm IV. die erste Sitzung des Vereinigten Preußischen Landtags mit einer Rede, in der er die Befugnisse der Versammlung definierte und die Forderung nach einer Verfassung zurückwies:

(Zit. Nach: Geschichte in Quellen, Band 5, München 1980, S. 136)

Q2) Rede Friedrich Wilhelms IV. am 21. März 1848

Als Reaktion auf die blutigen Barrikadenkämpfe in Berlin ließ der König seine Truppen abziehen und deutete in einer Rede seine Bereitschaft an, künftig als Kaiser eines geeinten Deutschlands tätig zu werden:

(Zit. nach: Tim Klein: Der Vorkampf deutscher Einheit und Freiheit. München 1927, 5. 209.)

---

[1] **konstitutionelles** – verfassungsmäßiges; konstitutionelle Monarchie – Herrschaft, dessen Macht durch eine Verfassung begrenzt wird.

M4)

1848 – Eine zum Scheitern verurteilte Revolution?

Q3) Brief Friedrich Wilhelms IV. an Freiherrn von Bunsen vom 13. Dezember 1848

Noch vor der beschlossenen Verfassung ahnte Friedrich Wilhelm IV. seine ihm zugedachte Rolle im neuen deutschen Nationalstaat. In einem privaten Brief Friedrich Wilhelms IV. schrieb er seinem preußischen Gesandten in London und engen Vertrauten:

(Zitiert nach: L. v. Ranke: Aus dem Briefwechsel Friedrich Wilhelms IV. mit Bunsen, in: Ders., Sämtliche Werke, Band 50, Leipzig 1887, S. 493f., zitiert nach: Hagen Schulze, Der Weg zum Nationalstaat, München 1985, S. 162ff)

Q4) Flugblatt Friedrich Wilhelms IV. vom 03. April 1949

Friedrich Wilhelm IV. empfing die Abgesandten der Paulskirche in Berlin. Auf ihre Bitte, die deutsche Kaiserkrone anzunehmen, reagierte er schriftlich:

(Zitiert nach: Huber, E. (Hg.): Dokumente zur deutschen Verfassungsgeschichte, Band 1. Stuttgart [u. a.] 1978, S. 405f.)

---

[2] **Hohenzollern** – Die Herrscherdynastie, der er selbst angehört.
[3] **Letten** – Gesteinsart: sandiger Ton, Lehm

M5)

1848 – Eine zum Scheitern verurteilte Revolution?

Leitfrage: _____

Arbeitsauftrag:

1. **Arbeiten** Sie inhaltliche und formale Kriterien der Quellen <u>auf einer Seite</u> **heraus.** Halten Sie ihre Arbeitsergebnisse <u>stichpunktartig</u> in der Tabelle fest. **[EA]**

2. Vergleichen Sie ihre Ergebnisse mit der Sitznachbarin/ dem Sitznachbarn. Vervollständigen und korrigieren Sie ihre Notizen, falls notwendig. **Diskutieren** Sie anschließend das in ihren Quellen zum Ausdruck gebrachte Selbstverständnis Friedrich Wilhelms IV. als Herrscher und seine Einstellung zu den revolutionären Forderungen beider Quellen im Vergleich. Nehmen Sie ggf. Ergänzungen vor. **[PA]**

   Sind Anregungen oder Hilfestellung zur Diskussion erforderlich? Werfen Sie einen Blick auf die Rückseite!

   Sie sind bereits fertig mit den Aufgaben? Werfen Sie einen Blick auf die Sprinteraufgabe auf der Rückseite!

Äußerungen des preußischen Königs Friedrich Wilhelm IV.	
Quelle:	
Zeitpunkt und Anlass:	
Art der Quelle:	
Adressat:	
Inhalt: Selbstverständnis als Herrscher und/ oder Einstellung gegenüber revolutionären Forderungen	

Fazit zur Leitfrage (wird am Ende der Stunde gemeinsam erarbeitet):

_____

_____

_____

1848 – Eine zum Scheitern verurteilte Revolution?

Zur Erinnerung – Die wichtigsten Beschlüsse der Paulskirchenversammlung:

- Grundrechte für alle
- Kleindeutscher Bundesstaat
- Kaiserliche Monarchie, dessen macht durch eine Verfassung begrenzt wird

§

Impulse zur Diskussion um das Selbstverständnis als Herrscher und die Einstellung gegenüber revolutionären Forderungen

- Wie wirkt der Sprachstil? (emotional, aggressiv, beschwichtigend, neutral, bestimmt, wertschätzend...)
- Welcher Zusammenhang besteht zwischen der Art und Inhalt der Quellen
- Welche Absicht steckt hinter den Äußerungen Friedrich Wilhelms IV. in der jeweiligen Quelle?
- Gibt es Übereinstimmungen oder Widersprüchlichkeiten mit Blick auf beide Quellen?

!?

Sprinteraufgabe:

Diskutieren Sie die geäußerte Kritik der Karikatur „Der Berliner Janus[1]", die 1848 von Franz von Seitz mit den Worten „[...] kann ich nicht unterlassen, Ihnen den Berliner Janus zu zeigen: Der König vor und nach dem Mißverständnis vom 19. März" veröffentlicht wurde. Notieren Sie ihre Diskussionsergebnisse stichpunktartig und bringen Sie diese bei der Beantwortung der Leitfrage am Ende der Stunde mit ein. **[PA]**

Notizen:	
-	
	(Zitiert nach: Schnabel Peter:, der Raritätenkrämer, in: Leuchtkugeln: Randzeichnungen zur Geschichte der Gegenwart, München 1848, S. 139f.)

---

[1] **Janus** – der römische Gott des Anfangs und des Endes, der bildlich mit einem Doppelgesicht, vorwärts und rückwärts blickend, dargestellt wird.

Leitfrage: Z.B.: Welche Gründe hatte Friedrich Wilhelm IV., die Kaiserkrone abzulehnen? Oder Friedrich Wilhelm IV. – Unterstützer oder Gegner der Revolution?

Arbeitsauftrag:

1. **Arbeiten** Sie inhaltliche und formale Kriterien der Quellen <u>auf einer Seite</u> **heraus.** Halten Sie ihre Arbeitsergebnisse <u>stichpunktartig</u> in der Tabelle fest. **[EA]**

2. Vergleichen Sie ihre Ergebnisse mit der Sitznachbarin/ dem Sitznachbarn. Vervollständigen und korrigieren Sie ihre Notizen, falls notwendig. **Diskutieren** Sie anschließend das in ihren Quellen zum Ausdruck gebrachte Selbstverständnis Friedrich Wilhelms IV. als Herrscher und seine Einstellung zu den revolutionären Forderungen beider Quellen im Vergleich. Nehmen Sie ggf. Ergänzungen vor. **[PA]**

   Sind Anregungen oder Hilfestellung zur Diskussion erforderlich? Werfen Sie einen Blick auf die Rückseite!

   Sie sind bereits fertig mit den Aufgaben? Werfen Sie einen Blick auf die Sprinteraufgabe auf der Rückseite!

Äußerungen des preußischen Königs Friedrich Wilhelm IV.		
Quelle:	**Q1**	**Q2**
Zeitpunkt und Thema:	11.04.1847, Zurückweisung der Verfassung	21.03.1848, Bekenntnis zur nationalen Sache
Art der Quelle:	Rede	Rede
Adressat:	Vereinigter Preußischer Landtag	Berliner Öffentlichkeit
Inhalt: Selbstverständnis als Herrscher und/ oder Einstellung gegenüber revolutionären Forderungen	• Ist nicht bereit, seine Macht durch eine Verfassung zu begrenzen. • Selbstbewusst, bestimmt • Dies widerspricht den (späteren) Forderungen der Revolutionäre.	• Bereitschaft, für die nationale Einigkeit und die revolutionären Farben zu stehen. • Diplomatisch, schmeichelnd, beschwichtigend gegenüber den Revolutionären

Fazit zur Leitfrage, z.B: Friedrich Wilhelm IV. stand der Kaiserkrone als Folge der Revolution ablehnend gegenüber, da er die Verfassung als Begrenzung seiner Macht empfand und das einfache Volk außer Stande sah, die Krone vergeben zu können.

1848 – Eine zum Scheitern verurteilte Revolution?

Leitfrage: Z.B.: Welche Gründe hatte Friedrich Wilhelm IV., die Kaiserkrone abzulehnen? Oder Friedrich Wilhelm IV. – Unterstützer oder Gegner der Revolution?

Arbeitsauftrag:

1. **Arbeiten** Sie inhaltliche und formale Kriterien der Quellen <u>auf einer Seite</u> **heraus.** Halten Sie ihre Arbeitsergebnisse <u>stichpunktartig</u> in der Tabelle fest. **[EA]**

2. Vergleichen Sie ihre Ergebnisse mit der Sitznachbarin/ dem Sitznachbarn. Vervollständigen und korrigieren Sie ihre Notizen, falls notwendig. **Diskutieren** Sie anschließend das in ihren Quellen zum Ausdruck gebrachte Selbstverständnis Friedrich Wilhelms IV. als Herrscher und seine Einstellung zu den revolutionären Forderungen beider Quellen im Vergleich. Nehmen Sie ggf. Ergänzungen vor. **[PA]**

    Sind Anregungen oder Hilfestellung zur Diskussion erforderlich? Werfen Sie einen Blick auf die Rückseite!

    Sie sind bereits fertig mit den Aufgaben? Werfen Sie einen Blick auf die Sprinteraufgabe auf der Rückseite!

Äußerungen des preußischen Königs Friedrich Wilhelm IV.		
Quelle:	**Q3**	**Q4**
Zeitpunkt und Thema:	13.12.1848, Vertrauter wird über Zurückweisung der Kaiserkrone informiert	03.04.1949, Antwortschreiben an die Kaiserdeputation/ die Bitte, die Kaiserwürde anzunehmen
Art der Quelle:	Privater Brief	Flugblatt
Adressat:	Vertrauter des Königs: Freiherr von Bunsen	Mitglieder der Paulskirchenversammlung und Öffentlichkeit
Inhalt: Selbstverständnis als Herrscher und/ oder Einstellung gegenüber revolutionären Forderungen	• Würde niemals die Kaiserkrone vom einfachen Volk annehmen; nur von den Fürsten • Geringschätzende, verachtende Haltung gegenüber Revolutionären	• Ablehnung der Kaiserkrone in höflicher, diplomatischer Art und Weise • Begründung: Die Fürsten müssen bei dieser Entscheidung miteinbezogen werden

Fazit zur Leitfrage, z.B: Friedrich Wilhelm IV. stand der Kaiserkrone als Folge der Revolution ablehnend gegenüber, da er die Verfassung als Begrenzung seiner Macht empfand und das einfache Volk außer Stande sah, die Krone vergeben zu können.

1848 – Eine zum Scheitern verurteilte Revolution?

Zur Erinnerung – Die wichtigsten Beschlüsse der Paulskirchenversammlung:

- Grundrechte für alle
- Kleindeutscher Bundesstaat
- Kaiserliche Monarchie, dessen macht durch eine Verfassung begrenzt wird

§

Impulse zur Diskussion um das Selbstverständnis als Herrscher und die Einstellung gegenüber revolutionären Forderungen

- Wie wirkt der Sprachstil? (emotional, aggressiv, beschwichtigend, neutral, bestimmt, wertschätzend…)
- Welcher Zusammenhang besteht zwischen der Art und Inhalt der Quellen
- Welche Absicht steckt hinter den Äußerungen Friedrich Wilhelms IV. in der jeweiligen Quelle?
- Gibt es Übereinstimmungen oder Widersprüchlichkeiten mit Blick auf beide Quellen?

Sprinteraufgabe:

Diskutieren Sie die geäußerte Kritik der Karikatur „Der Berliner Janus[1]", die 1848 von Franz von Seitz mit den Worten „[…] kann ich nicht unterlassen, Ihnen den Berliner Janus zu zeigen: Der König vor und nach dem Mißverständnis vom 19. März" veröffentlicht wurde. Notieren Sie ihre Diskussionsergebnisse stichpunktartig und bringen Sie diese bei der Beantwortung der Leitfrage am Ende der Stunde mit ein.
[PA]

Notizen, z.B.:

- Kritik richtet sich an die Vorgehensweise des Königs
- Zuerst: Versuch des Niederschlags der Revolutionäre
- zahlreiche Todesopfer in Berlin
- bekundet plötzlich seine Bereitschaft, für die nationale Sache einzustehen.
- Glaubwürdigkeit seiner Worte ist anzuzweifeln

(Zitiert nach: Schnabel Peter:, der Raritätenkrämer, in: Leuchtkugeln: Randzeichnungen zur Geschichte der Gegenwart, München 1848, S. 139f.)

---

[1] **Janus** – der römische Gott des Anfangs und des Endes, der bildlich mit einem Doppelgesicht, vorwärts und rückwärts blickend, dargestellt wird.

Q1	Q2	Q3	Q4
Selbstverständnis als Herrscher und Einstellung gegenüber revolutionären Forderungen:	Selbstverständnis als Herrscher und Einstellung gegenüber revolutionären Forderungen:	Selbstverständnis als Herrscher und Einstellung gegenüber revolutionären Forderungen:	Selbstverständnis als Herrscher und Einstellung gegenüber revolutionären Forderungen:

Der Historiker Christopher Clark bewertet die Bekundung Friedrich Wilhelms IV. für die nationale Sache einzustehen:

(Zitiert nach: Christopher Clark. Preußen: Aufstieg und Niedergang 1600–1947. Deutsche Verlags-Anstalt, 8. Auflage, 2007.)

Geschichte – Sekundarstufe II   Datum:

1848 – Eine zum Scheitern verurteilte Revolution?

Q1	Q2	Q3	Q4
Selbstverständnis als Herrscher und Einstellung gegenüber revolutionären Forderungen: • Ist nicht bereit, seine Macht durch eine Verfassung zu begrenzen. • Selbstbewusst, bestimmt • Dies widerspricht den (späteren) Forderungen der Revolutionäre.	Selbstverständnis als Herrscher und Einstellung gegenüber revolutionären Forderungen: • Bereitschaft, für die nationale Einigkeit und die revolutionären Farben zu stehen. • Diplomatisch, schmeichelnd, beschwichtigend gegenüber den Revolutionären	Selbstverständnis als Herrscher und Einstellung gegenüber revolutionären Forderungen: • Würde niemals die Kaiserkrone vom einfachen Volk annehmen; nur von den Fürsten • Geringschätzende, verachtende Haltung gegenüber Revolutionären	Selbstverständnis als Herrscher und Einstellung gegenüber revolutionären Forderungen: • Ablehnung der Kaiserkrone in höflicher, diplomatischer Art und Weise • Begründung: Die Fürsten müssen bei dieser Entscheidung miteinbezogen werden

Der Historiker Christopher Clark bewertet die Bekundung Friedrich Wilhelms IV. für die nationale Sache einzustehen:

(Zitiert nach: Christopher Clark. Preußen: Aufstieg und Niedergang 1600–1947. Deutsche Verlags-Anstalt, 8. Auflage, 2007.)

BEI GRIN MACHT SICH IHR WISSEN BEZAHLT

- Wir veröffentlichen Ihre Hausarbeit, Bachelor- und Masterarbeit

- Ihr eigenes eBook und Buch - weltweit in allen wichtigen Shops

- Verdienen Sie an jedem Verkauf

Jetzt bei www.GRIN.com hochladen und kostenlos publizieren